Funny Filzies

Klein, keck, kuschelig – das sind die Funny Filzies, die anhänglichen Begleiter für alle Lebenslagen. Die witzigen Tierchen sind handgefilzt; ganz ohne Seifenlauge, sondern trocken mit der Filznadel.

Das ist einfacher gemacht als gedacht: Dem Buch liegt eine Filzschablone bei, mit der die Grundform gefilzt wird. Diese wird noch etwas „aufgepolstert", dann werden die separat gefilzten Ärmchen, Beinchen und Öhrchen angesetzt, das Gesicht mit Perlen, Knöpfen und Stickgarn verziert, zuletzt die Blumenöse angebracht – fertig ist ein Filzie. Das Filzen dauert nicht länger als ein Spielfilm und lässt sich auch auf Balkon und Terrasse oder im Zug gut machen.

Und was kann so ein Filzie? Zuerst einmal kann es nicht lange alleine bleiben, wo einer ist, kommen gern ein paar dazu. Die lustige Truppe tummelt sich dann überall, wo es sich gut „abhängen" lässt: am Schlüsselbund, an der Tasche, am Handy, an Geschenken ... Hauptsache immer dabei sein, denn was ein Filzie gar nicht abkann, ist, in die Ecke gestellt und vergessen zu werden.

Ihre Monika Berger

Die Motive lassen sich in folgende Schwierigkeitsgrade unterteilen:

● ○ ○ einfach ● ● ○ etwas schwieriger ● ● ● anspruchsvoll

IHRE GRUNDAUSSTATTUNG

Die hier aufgeführten Materialien und Hilfsmittel benötigen Sie zum Anfertigen aller Filzies. Legen Sie sie sich vor dem Filzen bereit, sie werden in den einzelnen Materiallisten nicht aufgeführt.

- feine Filznadel im Nadelhalter
- feine Filznadeln im Mehrfachfilznadelhalter
- dickes, festes Schaumgummistück oder Schwamm als Filzunterlage
- kleine, spitze Schere
- Näh- und Sticknadeln
- Lochzange, Eyeletsetzer, Hammer, schlagfeste Unterlage

Hinweis: Für einen Filzie brauchen Sie ca. 7 g bis 10 g Filzwolle, je nachdem, wie voluminös Sie die Grundform ausarbeiten. Für andersfarbige Verzierungen werden nur einige Flöckchen Wolle benötigt, meist weniger als 2 g.

So wird's gemacht

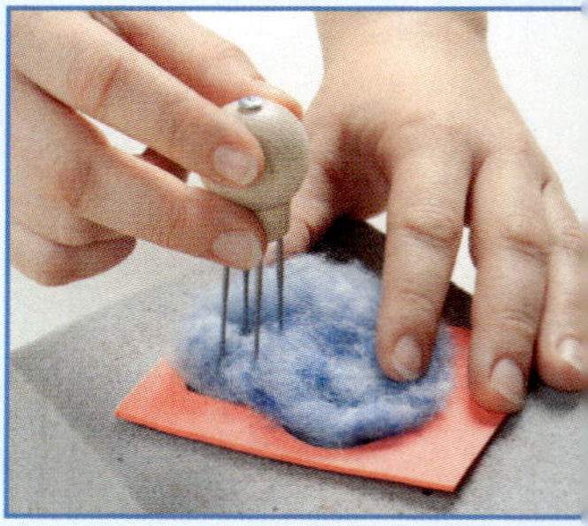

1 Ein Stück Wolle aus dem Knäuel reißen – nicht schneiden! –, welches etwas größer als die Schablone ist. Die Schablone auf einer dicken Schaumgummiunterlage platzieren, die Filzwolle über die Schablonenöffnung legen und etwas in Form drücken. Nun die Fläche mit der Mehrfachnadel anfilzen (Nadeln gerade halten), dabei die überstehende Wolle entsprechend der Schablone nach innen schlagen und festnadeln. Auf eine gleichmäßige Verteilung der Wolle achten. Vor allem beim Körper ggf. die überstehenden Fasern dünn auseinander ziehen und über die ganze Figur legen oder abzupfen und neu auflegen. Die Grundform während des Arbeitens immer wieder von der Unterlage lösen, mitsamt der Schablone umdrehen und von der Rückseite bearbeiten. Dabei gleichmäßig verteilt über die Fläche nadeln.

2 Anschließend die Ränder mit der feinen Nadel entsprechend der Schablone nacharbeiten, dabei sowohl senkrecht als auch seitlich einstechen und auch die Rückseite nicht vergessen. Beim Übergang von Kopf zu Körper häufig gezielt einstechen, um die Vertiefungen zu formen. Dann von beiden Seiten gleichmäßig über die ganze Fläche nadeln, um sie weiter zu verfestigen. Die fertige Grundform ist flach, entspricht der Schablone und ist so fest, dass sich die Fasern nicht mehr auseinander ziehen lassen.

3 Die flache Grundform nun ohne Schablone weiter aufpolstern. Dafür Wollflocken auflegen, am Rand um die Form herumschlagen und festnadeln. Dabei an den Rändern beginnen und anschließend zur Mitte hin nadeln. Für eine schöne Formgebung am Rand häufiger einstechen.

Tipp: Beim Aufpolstern vor allem mit senkrechten Stichen von vorne und hinten filzen, die Seitenkanten gar nicht oder kaum bearbeiten (sonst schrumpft die Figur zu stark und verliert die Grundform).

4 Die Form nun von allen Seiten nacharbeiten, auch die Kanten. Durch gezieltes mehrmaliges Einstechen lassen sich kleine Beulen glätten. Für schön abgerundete Köpfe und Bäuche nach dem seitlichen Einstechen auch immer zur Mitte der Figur hin filzen.

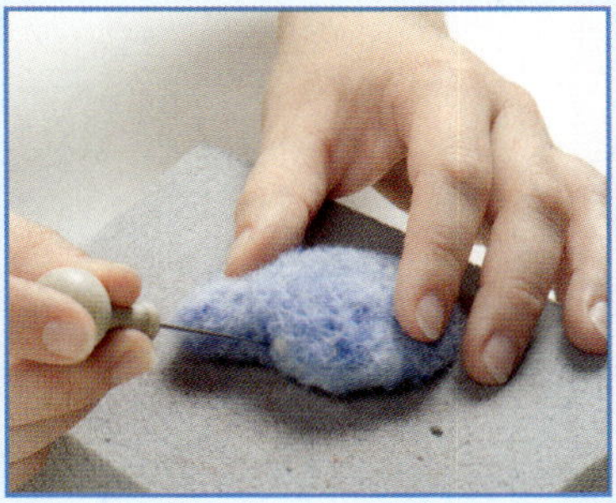

Tipp: Überprüfen Sie nun, vor dem Ansetzen der Gliedmaßen, noch einmal die Grundform: hat der Kopf die gewünschte Form, ist der Unterkörper lang genug? Anderenfalls legen Sie an der entsprechenden Stelle Wollflocken auf und filzen sie fest.

5 Für die Arme und Beine jeweils eine dünne, schmale, ca. 5 cm lange Wollflocke in der Mitte zusammenlegen und dann von allen Seiten gleichmäßig filzen. Das untere Ende bleibt ungefilzt, hier kann das Röllchen festgehalten werden. Für den Schwanz die Wollflocke nicht zusammenklappen, sondern vor dem Filzen etwas in der Hand rollen und eindrehen. Auch hier ein Ende unbearbeitet lassen.

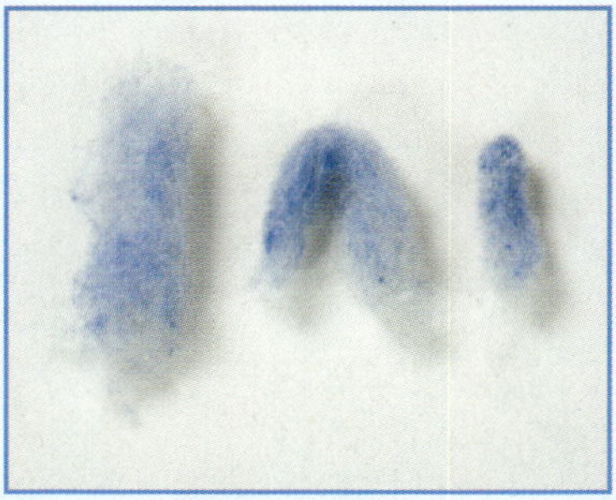

MOTIVHÖHE
ca. 9 cm

MATERIAL MICHI MAUS

- Filzwolle in Hellblau meliert und Weiß
- Perlmuttknopf in Schwarz, ø 1,2 cm
- 2 Miniknöpfe in Rosa, ø 7 mm
- 2 Rocailles in Schwarz, ø 4 mm
- Stickgarn in Pink
- Nähgarn in Rosa, Gelb und Schwarz
- Zierknopf: Bleistift, 3 cm lang
- Eyelet in Hellblau, ø 9 mm

VORLAGENBOGEN 1A

So wird's gemacht

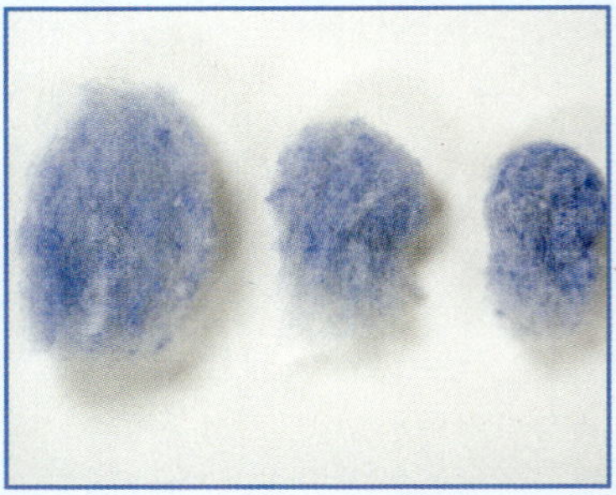

6 Für die Ohren eine etwas breitere Wollflocke zur Hälfte klappen, in die gewünschte Form legen und bis auf das untere Ende durch senkrechtes und seitliches Einstechen verfestigen. Die Ohren anschließend in die gewünschte Form (spitz, rund etc.) filzen. Für das anfängliche Verfestigen kann auch ein Mehrfachfilznadelhalter verwendet werden, das Ausarbeiten der Form erfolgt mit einer einzelnen Nadel.

7 Nun werden die Einzelteile angenadelt. Dazu das ungefilzte Ende auf der Rückseite der Figur ausbreiten und mit gleichmäßig verteilten Stichen fixieren. Dann von allen Seiten einstechen und so die Röllchen und Öhrchen festnadeln, weiter ausformen und schöne Übergänge schaffen.

Tipp: Wenn Ihre Figur ein Hemd oder Höschen tragen soll, legen Sie die Wolle vor dem Anbringen der Gliedmaßen auf und filzen sie an.

8 Für Verzierungen wird die ungefilzte Wolle einfach auf die Grundform aufgelegt und festgenadelt. Beim Mäuschen werden der Schnauzenbereich sowie die innere Ohrfläche weiß abgehoben. Für die Ohrinnenflächen etwas Wolle zum Kreis formen, diesen auflegen und mit gezielten Stichen anbringen. Für die Schnauze eine längere, etwas dickere Wollflocke über den unteren Kopfbereich legen und erst auf der Rückseite fixieren, dann von vorne festnadeln. Am Rand häufiger einstechen. Für eine saubere Schnauzenoberkante die Wolle mit der Nadel in Form ziehen und mit gezielten Einstichen fixieren.

9 Nun das Gesicht gestalten, dafür Knöpfe und Perlen aufnähen und den Mund im Steppstich sticken. Immer mit der Nase beginnen, dann die Augen annähen, zuletzt den Mund sticken. Nach Belieben weitere Verzierungen wie den Bleistiftknopf annähen.

Tipp: Sichtbare Fäden vom Sticken auf der Rückseite des Gesichtes können Sie verstecken, indem Sie die Stelle mit farblich passender Wolle übernadeln.

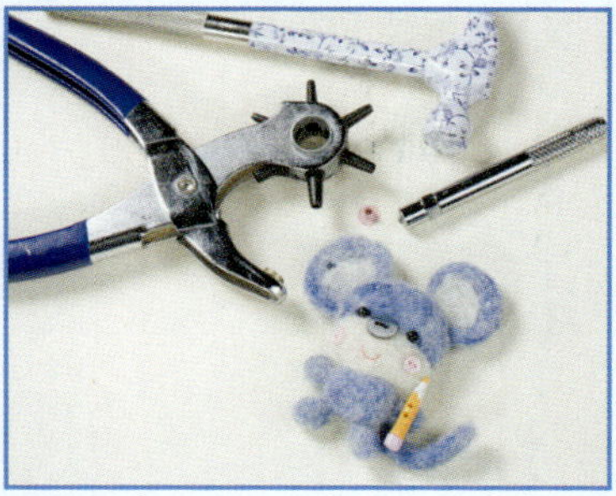

10 Zuletzt das Eyelet anbringen. Dafür ein Loch stanzen, die Öse einstecken und von der Rückseite fixieren: Das Ohr auf eine schlagfeste Unterlage legen (Schneidematte oder Holzbrettchen), den Eyeletsetzer aufsetzen und das Eyelet mit einigen Hammerschlägen fixieren.

Hinweise: Jedes Filzie hat eine Öse im Ohr, im Fühler, in der Mütze usw. So können alle als Maskottchen an Schlüsselbund, Handy, Tasche o. Ä. gehängt werden.

Damit die Funny Filzies den Anforderungen als Anhänger standhalten, sollten sie fest gefilzt werden. So geht der Praxistest: Ziehen Sie an angefilzten Fühlern, Armen und Beinchen. Wenn sie in Form bleiben, sind sie fest genug gefilzt. Anderenfalls nadeln Sie noch etwas länger und geben ggf. noch einige Wollflocken auf die Übergänge.

Tipps und Hinweise

- Die Filzies sind mit feinen Filznadeln gearbeitet, was eine besonders glatte Oberfläche ergibt. Nach Belieben können Sie die Grundform aber auch mit einer mittleren Nadel vorfilzen, das geht etwas schneller. Arbeiten Sie die Fläche anschließend mit einer feinen Nadel nach, so dass die größeren Einstichlöcher verschwinden.

- Zum Filzen wird Schafwolle im Vlies verwendet. Die feinere Strangwolle, bei der die Wollhaare lang und glatt ausgekämmt sind, eignet sich nur bedingt zum Filzen mit der Nadel. Falls Sie jedoch den gewünschten Farbton nur in dieser Wollart finden, zupfen Sie die Wollhärchen so lange durcheinander, bis sie kreuz und quer liegen. Beachten Sie beim Aufbauen der Figuren, dass Strangwolle (Kammzug) während des Filzens recht stark schrumpft, die Figuren werden also kleiner als solche aus Vlieswolle, wenn Sie sie nicht stärker aufpolstern.

- Mehrfachfilznadelhalter gibt es in verschiedenen Ausführungen, z. B. zum Einstecken von vier Filznadeln. Mit ihnen lassen sich Flächen schnell verfestigen. Zum Ausarbeiten der Formen und für Details sollten Sie immer eine einzelne Nadel verwenden. Auch hier lohnt sich die Anschaffung eines Holzgriffes. Die Nadel liegt damit besser in der Hand.

- Eyelets sind kleine Nieten, die Sie im Hobbyfachhandel in vielen Farben und unterschiedlichen Formen erhalten. Dort finden Sie auch Eyeletsetzer, mit dem die Ösen fixiert werden. Das Set enthält neben dem Metallhalter Aufsätze in verschiedenen Größen. Wählen Sie daraus den passenden für Ihre Eyeletgröße aus.

- Das Filzen und Verzieren einer Figur wie dem Mäuschen dauert ca. eineinhalb Stunden. Wie bei anderen Handarbeiten lässt sich gut „nebenbei“ mit der Nadel filzen: beim Plaudern auf Terrasse oder Balkon, im Zug oder vorm Fernseher. Filzen Sie immer auf einer Unterlage und bringen Sie Ihre Finger außer Stichrichtung der spitzen Filznadel!

MOTIVHÖHE
ca. 8 cm

MATERIAL AFFE

- Filzwolle in Braun, Hautfarbe, Hellgrün, Gelb und Rot
- 2 Miniknöpfe in Rosa, ø 7 mm
- Perlmuttknopf in Braun, ø 1,2 cm
- 2 Rocailles in Schwarz, ø 4 mm
- Perlgarn in Creme
- Stickgarn in Rot
- Nähgarn in Rosa und Schwarz
- Eyelet in Rot, ø 9 mm

TIGER

- Filzwolle in Dunkelgelb, Naturweiß, Rot, Braun und Blau
- 2 Miniknöpfe in Rosa, ø 7 mm
- 2 Rocailles in Schwarz, ø 4 mm
- Stickgarn in Rot, Braun und Weiß
- Nähgarn in Rosa und Schwarz
- Eyelet in Rot, ø 9 mm

VORLAGENBOGEN 1A

Affe und Tiger

→ knuffige Sportfreunde

Alfredo Affe

1 Die Grundform, Beine, Arme, Schwanz und Ohren wie ab Seite 2 beschrieben aus brauner Wolle filzen. Für das Gesicht zwei hautfarbene, eiförmige Wollstücke auflegen und als flache Herzform auffilzen. Die Schnauze wie beim Bärchen (Seite 20) beschrieben vorbereiten und anfilzen.

2 Für das T-Shirt grüne Wolle zu einem schmalen Streifen ziehen, um den Körper legen und festfilzen. Dann sehr dünne Strähnen gelbe Wolle auflegen und mit gezielten Stichen fixieren.

3 Die vorgefilzten Einzelteile anbringen. Danach die braunen Beine mit etwas roter Wolle umwickeln und sie mit gleichmäßig über der Fläche verteilten Stichen auffilzen. Für die Haare etwas Filzwolle auf den Kopf setzen und mit gezielten Stichen annadeln.

4 Abschließend das Gesicht gestalten (zum Sticken des Mundes nur drei Fäden des Stickgarns verwenden), die Schuhe besticken (siehe Rabe, Seite 10) und das Eyelet anbringen.

Tim Tiger

1 Die Grundform, Beine, Arme, Schwanz und Ohren wie ab Seite 2 beschrieben filzen. Auf den Kopf braune, dünne Wollstränge legen und mit gezielten Stichen fixieren. Dann erst die Schnauze wie in der Grundanleitung bei der Maus beschrieben auffilzen. Den Körper mit einem Streifen roter Wolle umwickeln und diese anfilzen.

2 Die vorgefilzten Einzelteile anbringen. Nun auch Ohren, Schwanz und Arme mit dünnen braunen Streifen versehen. Die Ohren spitz ausarbeiten, dafür gezielt seitlich einstechen. Die Beine mit etwas blauer Wolle umwickeln und sie mit vielen, gleichmäßig über die Fläche verteilten Stichen auffilzen.

3 Abschließend das Gesicht gestalten, zum Sticken des Mundes nur drei Fäden des Stickgarns verwenden. Für die Nase ein Dreieck aufsticken. Die Schuhe besticken (siehe Rabe, Seite 10) und das Eyelet anbringen.

FUNN
Filzies

MOTIVHÖHE
ca. 10 cm

MATERIAL BIENE

- Filzwolle in Hautfarbe (Grundform), Schwarz, Weiß und Gelb
- 2 Miniknöpfe in Rosa, ø 7 mm
- 2 Rocailles in Schwarz, ø 4 mm
- Stickgarn in Rot
- Nähgarn in Rosa und Schwarz
- Eyelet in Gelb, ø 9 mm

KÄFER

- Filzwolle in Hautfarbe (Grundform), Schwarz, Weiß und Rot
- 2 Miniknöpfe in Rosa, ø 7 mm
- 2 Rocailles in Schwarz, ø 4 mm
- Stickgarn in Rot
- Nähgarn in Rosa und Schwarz
- Eyelet in Pink, ø 9 mm

VORLAGENBOGEN 1A

Biene und Käfer

→ witzige Brummer

Bruno Biene

1 Die Grundform aus hautfarbener, Beine und Fühler aus schwarzer Wolle wie ab Seite 2 beschrieben filzen. Für die Fühler mit kreisförmigen Enden die Filzwolle zur Schnur legen und ca. 1,5 cm unterhalb des oberen Endes mit gezielten Stichen rundum eine Vertiefung filzen. Das Stück Schnur darüber mit vielen gezielten, seitlichen und gleichmäßig über die Fläche verteilten senkrechten Einstichen zu einem flachen Kreis filzen, das Stück darunter wie in der Grundanleitung beschrieben zu einer runden Schnur.

2 Die zwei Flügelteile wie in der Grundanleitung bei den Ohren beschrieben in Form legen und filzen.

3 Das obere Drittel des Kopfes mit schwarzer Wolle abdecken und diese auffilzen, ebenso den Körper schwarz überfilzen und mit sehr dünnen gelben Streifen versehen (mit gezielten Stichen anbringen).

4 Das Gesicht gestalten: Für die Nase ein ca. 1,5 cm großes hautfarbenes Wollkügelchen mit einigen gleichmäßig verteilten Stichen anfilzen, dann auf das Gesicht legen und wie bei der Bärchenschnauze (Seite 20) mit gezielten seitlichen Stichen fixieren. Danach mit gleichmäßigen Stichen rundum zu einer festen Kugel filzen, dabei schrumpft die Wolle auf ca. ø 1 cm. Die Augen werden ebenso angefertigt, allerdings mit dicken, ca. 2 cm hohen Ovalen. Perlen und Knöpfe aufnähen und den Mund sticken.

5 Die Fühler und Beine anbringen, dann die Flügel darüber setzen. Zuletzt das Eyelet anbringen.

Marie Käfer

Der Käfer wird wie die Biene angefertigt, erhält allerdings Punkte auf seine roten Flügel. Dafür sehr wenig schwarze Wolle zwischen den Fingern zu Kügelchen rollen und mit gezielten Stichen auffilzen.

Tipp: Statt Augen aufzufilzen, können Sie auch große, weiße Holzperlen aufnähen und eine Pupille mit schwarzem Permanentstift sowie einen kleinen Lichtpunkt mit Acrylfarbe aufmalen (vgl. Rabe, Seite 10).

FUNN
Filzies

Rabe

→ cooler Typ

MOTIVHÖHE
ca. 10 cm

MATERIAL
- Filzwolle in Schwarz, Pink, Gelb, Türkis und Hellblau meliert
- 2 Miniknöpfe in Rosa, ø 7 mm
- 2 Holzperlen, ø 7 mm
- Stickgarn in Weiß
- Nähgarn in Rosa
- Zwirn in Schwarz
- Nylonfaden
- Perlen in Erdfarben, ø 4 mm
- Permanentstift in Schwarz
- Zahnstocher und Acrylfarbe in Weiß
- Eyelet in Hellblau, ø 9 mm

VORLAGEN-BOGEN 2A

Ricky Rabe

1 Die Grundform und die Beine wie ab Seite 2 beschrieben filzen. Für die Flügel wie bei den Beinen eine Wollflocke zur Hälfte falten, dann aber mit vielen senkrechten und einigen gezielten seitlichen Stichen flach ausarbeiten.

2 Für den Schnabel eine Dreiecksform filzen, ca. 5 cm breit und 3 cm hoch. Diese auf den Kopf setzen und mit gezielten seitlichen Stichen anbringen und dabei zur Schnabelform ausarbeiten. Mit gleichmäßig verteilten senkrechten Stichen die Wolle weiter verfestigen.

3 Das obere Drittel des Kopfes mit türkisfarbener Wolle abdecken und diese auffilzen. Für den Mützenschirm wie in der Grundanleitung bei den Ohren beschrieben Wolle in Form legen und filzen. Dann passgenau von der Rückseite ansetzen und festfilzen. Die Vorderseite noch etwas mit melierter Wolle benadeln, damit sich der Schirm gut von der Mütze abhebt.

4 Flügel und Beine anbringen. Die Beine nach dem Ansetzen dick mit pinkfarbener Wolle umfilzen und die Verzierung sticken. Lange Querstreifen aufsetzen und die Schleife wie beim Fuchs auf Seite 12 und auf Vorlagenbogen 1B beschrieben anfertigen.

5 Holzperlen und Knöpfe als Augen und Wangen annähen. Die Holzperlen mit schwarzem Permanentstift bemalen und mit einem Zahnstocher und Acrylfarbe einen weißen Lichtpunkt hineinsetzen. Die Schnabellinien und den Buchstaben auf dem Cap mit Zwirn sticken.

6 Abschließend die Perlenkette (auf Nylonfaden aufgezogen) umbinden und das Eyelet anbringen.

FUNNY Filzies

Hase und Fuchs

→ überall dabei

MOTIVHÖHE
Hase ca. 11 cm
Fuchs ca. 9 cm

MATERIAL HASE
- Filzwolle in Naturweiß
- 2 Rocailles in Schwarz, ø 4 mm
- 2 Perlmuttknöpfe in Rosa, ø 1,2 cm
- Stickgarn in Rosa
- Nähgarn in Schwarz und Rosa
- Eyelet in Pink, ø 9 mm

FUCHS
- Filzwolle in Naturweiß, Gelb-Rot meliert und Rot
- 2 Rocailles in Schwarz, ø 4 mm
- 2 Miniknöpfe in Rosa, ø 7 mm
- Perlmuttknopf in Schwarz, ø 1,2 cm
- Stickgarn in Rot
- Nähgarn in Schwarz und Rosa
- Perlgarn in Naturweiß
- Eyelet in Weiß, ø 9 mm

VORLAGENBOGEN 1B

Lena Langohr

1 Die Grundform laut Anleitung ab Seite 2 filzen, gut auspolstern und die Ärmchen und Beinchen ansetzen.

2 Die Ohren frei oder mithilfe einer selbst angefertigten Moosgummischablone filzen. Die unteren Enden ungefilzt lassen. Die Ohren ansetzen und festnadeln. Die Übergänge mit Wollflöckchen bedecken und übernadeln. Bei den Gliedmaßen nach Belieben genauso vorgehen.

3 Das Gesicht mit Perlen, Knöpfen und Stickgarn gestalten und das Eyelet anbringen.

Ferdinand Fuchs

1 Der Fuchs wird wie die Maus gemäß der Grundanleitung auf Seite 3 gefilzt, jedoch werden die Ohren nach dem Ansetzen spitz zulaufend ausgearbeitet (seitlich einstechen). Zusätzlich erhält er ein weißes Bauchfell, Turnschuhe und einen dicken Schwanz.

2 Die Beine des Fuchses mit roter Wolle umwickeln und festnadeln. Für die breitere Form der Schuhe gegebenenfalls noch eine Schicht Wolle darum herumwickeln und wieder annadeln. Am Übergang zum Körper häufiger einstechen, so dass sich der Schuh hier verjüngt.

3 Den ca. 2 cm breiten, spitz zulaufenden Schwanz aus einer dicken Wollsträhne filzen, ein Stück des dickeren Endes zum Anfilzen ungefilzt lassen. Das andere, spitze Ende mit naturfarbener Wolle umwickeln und diese annadeln. Dann den Schwanz an die Rückseite des Körpers ansetzen und festnadeln.

4 Das Gesicht mit Perlen, Knöpfen und Stickgarn gestalten und das Eyelet anbringen.

5 Abschließend die Turnschuhe besticken. Zuerst in vielen kleinen, direkt aneinander gesetzten Steppstichen jeden Streifen sticken. Dann Kreuzstiche für die Schnürsenkel aufsetzen und danach die Schleife arbeiten: Mit der Nadel von der Rückseite nach vorne stechen, eine kleine Schlaufe stehen lassen, und wieder zur Rückseite durchstechen. Das Gleiche für die zweite Schlaufe wiederholen. Nun mit ein bis zwei Stichen zwischen den beiden Schlaufen den Knoten andeuten. Für die herabhängenden Schnürsenkel eine dritte Schlaufe unterhalb der ersten zwei anfertigen. Den Faden auf der Rückseite gut vernähen, dann die herabhängende Schlaufe aufschneiden und ggf. kürzen.

Kleines Küken

→ ganz anhänglich

MOTIVHÖHE
ca. 9 cm

MATERIAL
- Filzwolle in Gelb, Pink, Weiß und Orange
- 2 Rocailles in Schwarz, ø 4 mm
- 2 Perlmuttknöpfe in Rosa, ø 1,2 cm
- Nähgarn in Schwarz und Rosa
- Eyelet in Lila, ø 9 mm

VORLAGEN-BOGEN 1B

Kikky Küken

1 Die Grundform und die Beine wie ab Seite 2 beschrieben filzen. Für die Flügel wie bei den Beinen eine Wollflocke zur Hälfte falten, dann aber mit vielen senkrechten und gezielten seitlichen Stichen flach ausarbeiten.

2 Für die Eihälfte ein dickeres Stück Filzwolle zu einem halben Oval legen, etwas größer als der Kopf des Kükens breit ist, und leicht anfilzen. Die Form auf den Kopf setzen und an der Seite festfilzen. Dann durch gezielte waagerechte und schräge, nach unten zeigende Einstiche die Zacken herausarbeiten und die Eiform mit gleichmäßig über der Fläche verteilten Stichen auf dem Kopf fixieren. Am Rand häufiger einstechen, so entsteht die Rundung.

3 Für den Schnabel wie bei der Bärenschnauze beschrieben ein vorgefilztes, schmales Oval aufnadeln (siehe Seite 20) und dieses mit vielen gezielten Stichen nach vorne spitzer zulaufend ausarbeiten. Gleichmäßig von allen Seiten, v. a. aber Ober- und Unterseite, bearbeiten.

4 Das Gesicht mit Perlen und Knöpfen gestalten und das Eyelet anbringen.

Tipp: Den Schlüsselanhänger können Sie weiter verzieren: Auf eine Seite eines Schmuckdrahtes (ca. 15 cm lang) eine Quetschperle fädeln, das Drahtende zurückklappen und einstecken, so dass eine kleine Öse entsteht, und die Perle mit einer Schmuckzange zusammendrücken. Nun Rocailles, Buchstaben- und Käferperlen o. Ä. auffädeln. Zuletzt wieder eine Quetschperle aufziehen und gleich zusammendrücken oder, damit wieder eine Öse entsteht, das Drahtende in sie zurückstecken. Den Überstand in den Perlen verstecken und die Quetschperle zusammendrücken. Die kleine Schleife aus 3 mm breitem Satinband binden, mit einigen Stichen fixieren und dann an die Perlenschnur nähen.

LITTLE
MO

Elefant und Ameise

→ sportbegeistertes Duo

MOTIVHÖHE
Elefant ca. 8 cm
Ameise ca. 10 cm

MATERIAL ELEFANT

- Filzwolle in Hellblau meliert und Pink
- 2 Rocailles in Schwarz, ø 4 mm
- 2 Miniknöpfe in Hellblau, ø 7 mm
- Nähgarn in Schwarz und Hellblau
- Perlgarn in Naturweiß
- Eyelet in Weiß, ø 9 mm
- Zierknopf: Fußball, ø 1,8 cm

AMEISE

- Filzwolle in Lila, Weiß, Hellblau meliert und Blau
- 2 Rocailles in Schwarz, ø 4 mm
- 2 Perlmuttnöpfe in Rosa, ø 1,2 cm
- Nähgarn in Schwarz und Rosa
- Stickgarn in Weiß und Rosa
- Eyelet in Pink, ø 9 mm

VORLAGEN-BOGEN 1B

Russell Rüssel

1 Die hellblaue Grundform, Arme und Beine laut Grundanleitung ab Seite 2 filzen. Für das Shirt einen schmalen, dünnen pinkfarbenen Streifen Wolle über den Oberkörper legen und rundherum festnadeln.

2 Dann die Ohren und Gliedmaßen ansetzen. Die Ohren werden wie bei der Maus in der Grundanleitung angefertigt, sind aber größer und haben eine längliche Form (so lang wie der Kopf).

3 Für den Rüssel auf der Unterlage eine ca. 6 cm lange und 2 cm dicke Schnur filzen. Die noch recht lockere Rolle mit einem Ende in die Mitte des Elefantengesichts legen (Rüssel hängt jetzt noch gerade nach unten) und mit vielen schrägen, seitlichen Einstichen fixieren. Das Ende leicht rund ausformen. Dazu den Rüssel in die gewünschte Form legen und rundum weiter nadeln. Dadurch wird er dünner, fester und formstabil.

4 Das Gesicht mit Perlen und Knöpfen gestalten und das Eyelet anbringen. Den Fußballknopf an ein Bein nähen und die Zahl auf das Shirt sticken.

Armin Ameise

1 Laut Grundanleitung ab Seite 2 die lila Grundform filzen, dick aufpolstern und sechs kleine, separat gefilzte, lila Röllchen als Beine/Arme ansetzen. Für die Fühler mit Kugelende die Filzwolle zur Schnur legen und ca. 1,5 cm unterhalb des oberen Endes mit gezielten Stichen rundum eine Vertiefung filzen. Das Stück Schnur darüber mit gezielten Stichen zur Kugel ausarbeiten, das Stück darunter wie in der Grundanleitung beschrieben zu einer runden Schnur nadeln.

2 Für die Augen Filzovale auf der Arbeitsunterlage vorfilzen, dann aufsetzen (zum Fixieren mittig ein paar Mal einstechen). Mit vielen schräg nach unten zielenden seitlichen und gleichmäßig über der Fläche verteilten senkrechten Stichen festnadeln und dabei in die gewünschte Form bringen.

3 Für die Nase auf der Unterlage eine Kugel, ø ca. 1,5 cm, vorfilzen, diese dann mit rundum verteilten seitlichen Stichen aufsetzen und anschließend von allen Seiten in Form nadeln. Die Kugel schrumpft dabei auf ca. ø 1 cm. Das Gesicht mit Perlen und Knöpfen gestalten, den Mund sticken und die Öse anbringen.

4 Danach vier der Beine nacheinander mit blauer Filzwolle umwickeln, festnadeln und anschließend besticken (siehe Rabe, Seite 10).

Tintenfisch

→ ein seltenes Exemplar

MOTIVHÖHE
ca. 8 cm

MATERIAL
- Filzwolle in Lila und Gelb-Grün meliert
- 2 Mini-Knöpfe in Rosa, ø 7 mm
- 2 Perlmuttknöpfe in Weiß, ø 1,2 cm
- Nähgarn in Schwarz und Rosa
- Stickgarn in Pink
- Eyelet in Lila, ø 9 mm

VORLAGEN-BOGEN 2A

Philly Pentopus

1 Die lila Filzwolle laut Grundanleitung ab Seite 2 auf die Schablone auflegen und den Kopf in Form nadeln. Dann die Wolle für den Körper in drei Teile reißen (nicht schneiden!) und zwei weitere dickere Wollflocken zu lockeren Filzrollen nadeln. Ein Ende ungefilzt lassen.

2 Die zwei separat gefilzten Tentakeln an die Form ansetzen – entweder wie auf dem Foto oberhalb der anderen Beine oder dazwischen – und den Körper in Form nadeln. Jedes Bein einzeln bearbeiten und für mehr Volumen noch Wollflöckchen herumwickeln oder extra auflegen und ggf. einen schönen Übergang zum Kopf mit aufgelegten Wollflöckchen arbeiten.

3 Das obere Drittel des Kopfes mit grüner Wolle abdecken und diese auffilzen. Für den Mützenschirm wie in der Grundanleitung bei den Ohren beschrieben Wolle in Form legen und filzen. Dann passgenau von der Rückseite ansetzen. Die ganze Figur fest filzen.

4 Das Gesicht mit Knöpfen gestalten, den Mund sticken und das Eyelet anbringen.

Tipp: Im Kreativfachhandel finden Sie beim Schmuckzubehör viele schöne Anhänger wie die Münze, den Glitzerfisch und das Kleidchen. Mit kleinen Spaltringen oder Biegeösen können diese am Schlüsselring angebracht werden.

Bärchen

→ zum Knuddeln süß

MOTIVHÖHE
ca. 9 cm

MATERIAL
- Filzwolle in Pink und Altrosa
- 2 Rocailles in Schwarz, ø 4 mm
- 2 Miniknöpfe in Rosa, ø 7 mm
- Nähgarn in Schwarz und Rosa
- Stickgarn in Schwarz
- Eyelet in Pink, ø 9 mm

VORLAGEN-BOGEN 2A

Karla Knuddel

1 Die Grundform, Beine, Arme und Ohren wie ab Seite 2 beschrieben filzen. Für die Schnauze ein Wollei formen (ca. 3 cm x 2,5 cm), locker in Form filzen und aufsetzen. Wie auf dem Foto gezeigt zuerst an den Rändern fixieren, dann mit vielen gleichmäßig verteilten schrägen und senkrechten Stichen zur Schnauze ausarbeiten.

2 Die vorgefilzten Einzelteile anbringen. Die Beine mit dünnen Streifen andersfarbiger Wolle umwickeln und diese mit gezielten Stichen fixieren.

3 Danach das Gesicht gestalten und das Eyelet anbringen. Für die aufgestickte Schnauzenspitze ein Dreieck sticken: oben, an der breitesten Stelle, beginnen und nach unten hin immer kürzer werdende Stiche direkt aneinander setzen.

Tipp: Das Bärchen kann mit einer Perlenschnur angehängt werden. Dafür Rocailles, ø 2 mm, auf einen Nylonfaden ziehen, dann auf jedes Fadenende eine Quetschperle fädeln und diese mit einer Schmuckzange kräftig zusammendrücken. Einen der überstehenden Fäden durch eine weitere Quetschperle fädeln und das Fadenende wieder zurück durch die Quetschperle schieben, dabei eine kleine Öse stehen lassen. Die Quetschperle zusammendrücken und die Fadenüberstände abschneiden. Am Bärchenohr einen kleinen Spaltring anbringen und in diesen die Öse der Perlenschnur fädeln. Die Perlenschnur kann noch mit einer mit Rocailles besticken Filzblüte verziert werden (an Schnur festnähen).

FUNN
Filzies

Glitzerfisch

→ funkelnder Anhänger

MOTIVLÄNGE
ca. 7 cm

MATERIAL
- Filzwolle in Violett, Lila und Weiß
- 2 Rocailles in Schwarz, ø 4 mm
- 2 Miniknöpfe in Rosa, ø 7 mm
- Rocailles mit Silbereinzug in Transparent, ø 2 mm
- bunte Pailletten, ø 7 mm
- Nähgarn in Schwarz, Weiß und Rosa
- Stickgarn in Pink
- Eyelet in Flieder, ø 9 mm

VORLAGEN-BOGEN 2B

Gino Glitter

1 Die Grundform wie ab Seite 2 beschrieben filzen, durch seitliche Stiche wird der Fischkopf/-körper etwas schmaler ausgearbeitet.

2 Für die Schwanzflosse in den locker gefilzten Unterkörper durch gezielte Einstiche eine Vertiefung filzen. Die zwei Flossenseiten spitz zulaufend ausarbeiten. Alles fest filzen.

3 Das Gesicht gestalten: Für die Nase ein ca. 1,5 cm großes, lilafarbenes Wollkügelchen mit einigen gleichmäßig verteilten Stichen anfilzen, dann auf das Gesicht legen und wie bei der Bärchenschnauze (Seite 20) mit gezielten seitlichen Stichen fixieren. Danach mit gleichmäßigen Stichen rundum zu einer festen Kugel filzen, dabei schrumpft die Wolle auf ca. ø 1 cm. Die Augen werden ebenso angefertigt, allerdings mit dicken, ca. 2 cm hohen Ovalen. Perlen und Knöpfe aufnähen, den Mund sticken und das Eyelet anbringen.

4 Anschließend die Pailletten aufnähen: mit Nadel und Faden von der Rückseite des Körpers nach vorne stechen, eine Paillette und eine Perle auffädeln. Dann den Faden um die Perle herum führen und wieder durch die Paillette zurückstechen. Die Pailletten dicht nebeneinander, Reihe für Reihe, von der Schwanzflosse zum Kopf hin aufnähen.

FUNN
Filzies

Schwein und Kuh

→ kunterbunt und fröhlich

MOTIVHÖHE
Schwein ca. 9 cm
Kuh ca. 10 cm

MATERIAL SCHWEIN

- Filzwolle in Rosa (Körper), Rosa meliert (Ohren, Schnauze), Lila und Weiß
- 2 Rocailles in Schwarz, ø 4 mm
- 2 Miniknöpfe in Rosa, ø 7 mm
- Nähgarn in Schwarz und Rosa
- Stickgarn in Pink
- Eyelet in Rosa, ø 9 mm

KUH

- Filzwolle in Weiß, Lila, Altrosa und Rosa
- je 2 Rocailles in Schwarz und Rosa mit Silbereinzug, ø 4 mm
- 2 Perlmuttknöpfe in Rosa, ø 1,2 cm
- Nähgarn in Schwarz und Rosa
- Stickgarn in Pink
- Eyelet in Weiß, ø 9 mm
- Wollreste in Hellgrün und Lila
- Metallglöckchen in Gold oder Silber, ø 1,5 cm

VORLAGEN-BOGEN 2A

Rudi Ringel

1 Die Grundform, Beine und Arme wie ab Seite 2 beschrieben aus rosa Wolle filzen, die Ohren aus rosa melierter Wolle.

2 Auf den Unterkörper einen schmalen Streifen lila Wolle auflegen und rundherum annadeln. Die vorgefilzten Einzelteile ansetzen und gut festnadeln.

3 Die Schnauze wie beim Bärchen (Seite 20) beschrieben aus rosa melierter Wolle vorbereiten und auf dem Gesicht in Form filzen. Für die zwei Löcher häufig gezielt einstechen. Danach die Beine nacheinander mit weißer Filzwolle umwickeln und diese festnadeln.

4 Anschließend das Gesicht mit Perlen und Knöpfen gestalten und den Mund mit drei Fäden des Stickgarns sticken. Die Schuhe wie beim Raben auf Seite 10 beschrieben besticken. Zuletzt das Eyelet anbringen.

Frieda Fleckchen

1 Die Grundform, Beine, Arme, Schwanz und Ohren wie ab Seite 2 beschrieben aus weißer Wolle filzen. Für die Hörner wie bei den Beinen/Armen Rollen aus fliederfarbener Wolle filzen.

2 Auf Kopf und Bauch lila Flecken filzen, dann die Einzelteile ansetzen. Bein- und Schwanzspitzen etwas mit fliederfarbener Wolle umwickeln und diese festfilzen. Die Hörnerenden durch häufiges seitliches Einstechen spitz zulaufend ausarbeiten, ebenso die Ohren schmaler filzen. Damit die Formen insgesamt fest werden, auch immer wieder gleichmäßig rundherum einstechen.

3 Die Schnauze wie beim Schwein beschrieben aus rosa Wolle vorbereiten und auf dem Gesicht in Form filzen.

4 Nun das Gesicht mit Perlen und Knöpfen gestalten und den Mund mit drei Fäden des Stickgarns sticken. Die Öse anbringen und das Glöckchen mit einer selbst geflochtenen Schnur (aus Wolle in 2 x Hellgrün und 1 x Lila) umbinden.

Tipp: Verzieren Sie den Anhänger mit Schnüren aus Rocailles, Stern- und Buchstabenperlen. Die Schnüre wie beim Küken auf Seite 14 beschrieben mit Nylonfaden und Quetschperlen anfertigen und mit einem Spaltring an das Blumeneyelet im Kuhohr hängen.

Froschkönig

→ wartet auf ein Küsschen

MOTIVHÖHE
ca. 9,5 cm

MATERIAL
- Filzwolle in Gelb-Grün meliert, Weiß und Gelb
- 2 Rocailles in Schwarz, ø 4 mm
- 2 Perlmuttknöpfe in Rosa, ø 1,2 cm
- Nähgarn in Schwarz und Rosa
- Stickgarn in Rot
- Eyelet in Gelb, ø 9 mm
- Metallglöckchen in Gold, ø 2 cm

VORLAGEN-BOGEN 2B

Prince Charming

1 Die Grundform, Beine und Arme wie ab Seite 2 beschrieben aus grüner Wolle filzen. Die Einzelteile an die Grundform ansetzen.

2 Für die Krone eine lockere Trapezform filzen und sie von hinten an den Kopf setzen. Mit gezielten Einstichen die Zacken herausarbeiten und die ganze Fläche durch gleichmäßig verteilte Nadelstiche von beiden Seiten fest filzen, wodurch die Wolle schrumpft.

3 Für die Augen zwei ca. 2,5 cm große Kugeln auf der Unterlage vorfilzen und sie dann wie bei der Bärchenschnauze auf Seite 20 beschrieben aufsetzen, fixieren und in Form filzen.

4 Nun das Gesicht mit Perlen und Knöpfen gestalten und den Mund mit Stickgarn sticken. Die Öse anbringen und das Glöckchen von hinten an einen Arm nähen.

Tipp: Zum Verschenken kann der Frosch auf eine bemalte Pappmaché-Minischachtel genäht werden. Im Abstand seiner Füße jeweils zwei leicht versetzt zueinander liegende Löcher vorstechen und den Frosch aufnähen (ohne vorgestochene Löcher lässt sich die Nadel nicht durch den Deckel stechen).

Kätzchen

→ hübsch herausgeputzt

MOTIVHÖHE
ca. 9 cm

MATERIAL
- Filzwolle in Naturweiß und Rosa
- 2 Rocailles in Schwarz, ø 4 mm
- 2 Miniknöpfe in Rosa, ø 7 mm
- Wachsperle in Champagner, ø 1 cm
- Nähgarn in Schwarz, Weiß und Rosa
- Zwirn in Schwarz
- Stickgarn in Pink
- Eyelet in Pink, ø 9 mm
- Schmuckband in Rosa, 1,7 cm breit, ca. 12 cm lang
- Rocailles in Rosa, ø 2 mm
- Anhänger: Tasche in Hellgrün-Weiß kariert, 1,5 cm breit

VORLAGEN-BOGEN 2B

Milly Mieze

1 Die Grundform, Beine, Arme, Schwanz und Ohren wie ab Seite 2 beschrieben filzen. Die Einzelteile an die Grundform filzen. Die Ohrinnenflächen mit rosa Wolle befilzen und die Ohren spitz ausarbeiten, dafür gezielt seitlich einstechen.

2 Das Gesicht mit Perlen und Knöpfen gestalten. Vor dem Aufnähen der Wachsperle drei Zwirnfäden in die Mitte des Gesichtes legen, mit einigen Stichen fixieren und dann die Perle darüber setzen. Zum Sticken des Mundes nur drei Fäden des Stickgarns verwenden. Das Eyelet anbringen.

3 Das Schmuckband um den Bauch legen und mit rosafarbenen Rocailles aufnähen. Den Taschenanhänger von hinten an eine Hand nähen.

Tipp: Verzieren Sie den Schlüsselring noch mit einigen rosa- und pinkfarbenen Accessoires. Für die Perlenschnüre auf eine Seite eines ca. 15 cm langen Schmuckdrahtes eine Quetschperle fädeln, das Drahtende einstecken, so dass eine kleine Öse entsteht, und die Perle mit einer Schmuckzange zusammendrücken. Nun ca. 6 cm bis 9 cm lang Rocailles auffädeln, dann wieder eine Quetschperle aufziehen. Den Draht weiter durch das Loch einer kleinen Perlmuttscheibe und durch eine weitere Rocaille fädeln. Zum Fixieren den Draht um die Rocaille herumlegen und durch die Perlmuttscheibe zurück in die Quetschperle ziehen. Diese zusammendrücken und den Drahtüberstand abschneiden oder in die anliegenden Rocailles stecken. Die Schnüre an den Ösen am Schlüsselring einhängen und nach Belieben mit einer Schleife aus 3 mm breitem Satinband zusammenfassen. Damit sich diese nicht löst, wird sie mit einigen Nähstichen fixiert.

FUNN
Filzies

FUNNY Filzies

Pandabär und Hund

→ Freu(n)de verschenken

MOTIVHÖHE
Panda ca. 9,5 cm
Hund ca. 11 cm

MATERIAL
HUND
- Filzwolle in Weiß und Schwarz
- 2 Rocailles in Schwarz, ø 4 mm
- 2 Perlmuttknöpfe in Rosa, ø 1,2 cm
- Rocailles in Schwarz, ø 2 mm
- Nylonfaden
- Nähgarn in Schwarz und Rosa
- Stickgarn oder Zwirn in Schwarz
- Eyelet in Hellblau, ø 9 mm
- Anhänger in Silber: Würfel, 7 mm groß

PANDABÄR
- Filzwolle in Weiß und Schwarz
- 2 Perlmuttknöpfe in Schwarz, ø 1,2 cm
- 2 Miniknöpfe in Rosa, ø 7 mm
- Nähgarn in Schwarz und Rosa
- Stickgarn in Pink
- Eyelet in Pink, ø 9 mm

VORLAGENBOGEN 2B

Herbie Hund

1 Die Grundform sowie Beine und Arme wie ab Seite 2 beschrieben aus weißer Wolle, die Ohren aus schwarzer Wolle filzen. Die Ohren frei oder mithilfe einer selbst angefertigten Moosgummischablone filzen. Die unteren Enden kaum filzen.

2 Die Grundform dick aufpolstern und die Einzelteile ansetzen.

3 Nun das Gesicht mit Perlen und Knöpfen gestalten. Die Schnauze (s. auch S. 20) sowie die Verzierungen um das Auge herum und auf dem Körper mit Stickgarn oder Zwirn sticken. Das Eyelet anbringen.

4 Für das Halsband Rocailles auf einen Nylonfaden fädeln, dabei mittig den Anhänger einarbeiten. Das Halsband umknoten und die Fadenenden vernähen.

Tipp: Zum Verschenken können die Filzies in Mini-Pappmaché-Täschchen gesetzt oder wie der Frosch auf Seite 27 auf Schächtelchen genäht werden.

WEITERFÜHRUNG

Pandabär und Hund

Motivvariante: Zierknöpfe erhalten Sie in einer großen Auswahl. Mit ihnen lassen sich die Figuren individuell ausgestalten. Für eine begeisterte Handarbeiterin ist der Filzie rechts gedacht: dem niedlichen Hund wurde der Zierknopf Schere und Garnrolle an die Hand genäht.

Wanda Panda

1 Die Grundform wie ab Seite 2 beschrieben aus weißer Wolle, Beine, Arme und Ohren aus schwarzer Wolle filzen. Die Grundform anschließend schön aufpolstern. Dann die schwarzen Einzelteile ansetzen.

2 Nun das Gesicht mit Knöpfen gestalten und den Mund mit Stickgarn sticken. Das Eyelet anbringen.

DIESES BUCH ENTHÄLT 2 VORLAGENBOGEN

IMPRESSUM

Die Autorin dankt den Firmen Hobbygross Erler (Rohrbach), KnorrPrandell (Lichtenfels) und Rayher (Laupheim) für die freundliche Unterstützung mit Filzwolle, Knöpfen und Accessoires.

FOTOS: frechverlag GmbH, 70499 Stuttgart; Fotostudio Ullrich & Co., Renningen (Titelseite); Ashaeh Khodabakhshi, Schwäbisch Gmünd (alle anderen Fotos)
DRUCK: frechdruck GmbH, 70499 Stuttgart

Auflage:	5.	4.	3.	2.	1.	
Jahr:	2011	2010	2009	2008	2007	[Letzte Zahlen maßgebend]

ISBN 978-3-7724-3650-5
Best.-Nr. 35650